空冊

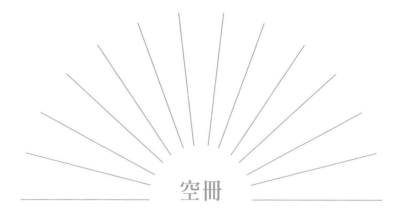

空冊

철학자의 공책

최진석 지음

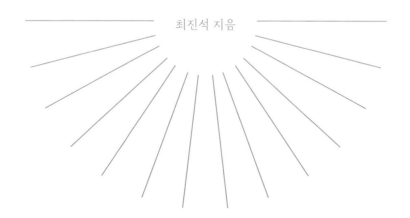

궁리
KungRee

일러두기

· 이 책은 철학자 최진석의 저서, 강연, 인터뷰 등에서 가려 뽑은 말과 글을 가다듬어 필사 형식
으로 엮은 것입니다.

· 이 책은 여러 방법으로 읽을 수 있습니다. 300편의 단문을 매일 한 편씩 눈에 담고 손으로 옮
겨 쓰고 소리 내어 읊어보는 방법 등, 독자들이 저마다 다양한 방식으로 책을 읽어나갈 수 있
습니다.

· 책의 오른쪽 면은 독자들만의 공간(空間)입니다. 문장을 따라 쓰는 필사, 혹은 자유로운 글쓰
기 지면으로 다양하게 활용할 수 있습니다.

· 이 책에 수록된 내용 중 단행본을 바탕으로 정리한 글귀는 해당 출판사에 저작물 재수록 이용
허락을 받았습니다. 출처가 단행본인 경우 이 책의 끝에 따로 도서정보를 실었습니다. 재수록
허락을 받지 못한 일부 구절에 대해서는 추후 확인되는 대로 허락 절차를 밟겠습니다.

시작한 날 _____

마친 날 _____

이름 _____

공책^{空冊}에 쓰기

글을 기다리는 종이는
온몸을 펴놓은 피부다.

쓰기는 피부가 된 자신을 긁는 일이다.
자신에게 고랑을 내는 일이다.
고랑을 내야 땅도 비로소 자기가 땅으로 사는지 알듯이
피부를 긁어야 자기에게로 가는 초인종이 울린다.
자기가 어떻게 있는지
자기가 하늘을 향해 언제 팔을 벌려야 하는지
피부를 긁어 고랑을 내야 아는 것이다.

쓰기만큼 깊은 일이 또 있을까?

자신을 궁금해하는 일,

우주의 수평선에 손을 뻗어보는 일,

행성의 궤도를 어루만지는 일,

그녀가 서 있던 버스 정류장의 냄새를 혼자 맡아보는 일,

머리의 무게를 그대로 다 받아서

고개를 깊이 숙이고

자신을 긁는 일.

2024년 10월 31일

함평 호접몽가의 밤, 미문未文에서

최진석

차
례

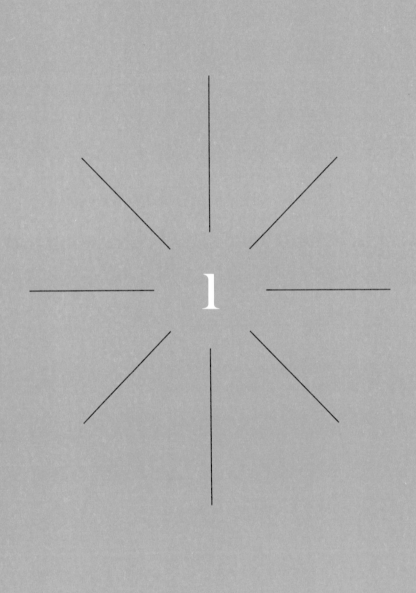

질문

자신에게 집중하는 연습

1 ____

나는 누구인가?

나는 무엇을 원하는가?

나는 어떤 사람이 되고 싶은가?

나는 어떻게 살다 가고 싶은가?

2 ____

바람직함에 매몰되지 말고 자기가 바라는 것에 더 집중한다.

해야 하는 것에 얽매이기보다 하고 싶은 것에 더 집중한다.

좋은 것에 열중하기보다 좋아하는 것에 더 집중한다.

그것이 자기 자신의 주인으로 사는 방법이다.

3 ____

탁월해지고 싶다면 '기본'을 찾는 일이 우선이다.

기본 중의 기본은 자신을 궁금해하는 일이다.

질문

4 _____

아침에 일어나면 '나는 금방 죽는다'고 서너 번 중얼거린다.
죽음을 직면하는 것만큼 분명한 수행은 없다.
죽음을 통해 지금의 내 삶이 분명해진다.

5 _____

영감이나 직감은 원하는 것이 강력할 때 선물처럼 찾아온다.

6 _____

궁금증과 호기심이 자기 자신이다.

질문

7 _____

"덕불고^{德不孤}, 필유린^{必有隣}."
공자의 말처럼, 덕이 있는 사람에게는
반드시 함께하는 이웃이 있다.
그러나 친구를 기다리지는 말라.
우선 자기가 자기에게 친구이면 충분하다.

8 _____

당신은 당신이 생각하는 것보다
훨씬 강하고 아름답다.

9 _____

단순한 행위를 오래도록 지속하는
'반복'이 자신을 좀 더 나은 사람으로 이끌어준다.

질문

10

생각하지 않으면 편하다. 생각하는 것은 수고가 들어간다.
지적인 수고로움을 겪지 않을 때 삶의 성장은 멈춘다.

11

삶은 불안이다. 그 불안의 정체를 분명히 인식하고,
자신에게 설명할 수 있을 때 그 안에서 빛이 보인다.

12

불안을 품는 것은 가능한 일이다.
불안을 해소하는 것은 누구에게도 불가능한 일이다.

질문

13

고민이 있을 때, 울화가 치밀 때,
풀리지 않는 문제가 있을 때, 글이 잘 안 써질 때
소파에 앉아 아무리 머리를 쓴다 한들 잘 풀리지 않는다.
대신 나가서 오래 걸어보자. 대개는 다 풀린다.
최소한 풀릴 기미라도 보인다.

14

나만의 고유한 '비린내'가 사라진 느낌이 든다.
물속을 휘젓는 물고기가 아닌
마치 시장 좌판에 누워 있는 생선처럼 산 듯하다.
내 고유한 '비린내'를 찾고 싶다.

질문

15 ____

"내 안에서 솟아나는 것"*을 사랑하라.

* 헤르만 헤세, 『데미안』

16 ____

타인의 눈으로 나를 보지 말고
나의 눈으로 나를 볼 때 당당한 나로 살아갈 수 있다.

17 ____

자신을 궁금해하는 사람은 대답에만 빠지지 않고 질문한다.
집단 속에서도 자신만의 고유한 모서리를 유지한다.
눈앞의 작은 이익이나 체면을 위해
꿈을 망가뜨리는 일을 하지 않는다.

나는 누구인가?
나는 무엇을 원하는가?
나는 어떤 사람이 되고 싶은가?
나는 어떻게 살다 가고 싶은가?

질문

18 _____

무기력과 게으름에 빠지는 이유는
되고 싶은 자신이 분명하지 않기 때문이다.
무기력과 게으름에서 벗어나고자 한다면
이다음 자신의 모습을 구체적으로 꿈꾸어보자.

19 _____

철학하는 일이란 남이 이미 읽어낸 세계의 내용을
습득하는 것이 아니라
스스로 읽을 줄 아는 힘을 갖는 것이다.

질문

20

수행^{修行}이란 마음에서 두려움을 없애는 것이 아니다.

수행이란 마음에서 괴로움을 없애는 것이 아니다.

수행이란 마음에서 어둠을 없애는 것이 아니다.

수행이란 마음에서 슬픔을 없애는 것이 아니다.

두려움도 괴로움도 어둠도 슬픔도 살아 있음의 증거다.

수행이란 두려움을 피하지 않고 자세히 들여다보고,

괴로움을 피하지 않고 자세히 들여다보고,

어둠을 피하지 않고 자세히 들여다보고,

슬픔을 피하지 않고 자세히 들여다볼 수 있도록

자신을 단련하는 일이다.

어떤 것에도 지지 않을 정도로

자신을 사랑하고 또 지키는 일이다.

질문

21 ____

나는 내 윤리적 행위의 고유한 입법자다.
내 윤리적 삶은 나로부터 나온다.
내 삶의 원동력은 내가 작동시킨다.
나는 일반명사가 아닌 고유명사로 살아가겠다.

22 ____

생각으로 몸을 움직이게 하는 것보다
몸으로 생각을 움직이게 하는 것이 더 낫다.
몸을 바르게 해서 생각을 바르게 하고,
몸을 숨쉬게 해서 생각을 숨쉬게 하자.

질문

23 _____

몸짓은 삶을 대하는 태도로 드러나는 것이다.

24 _____

인간은 질문을 할 때 자기 자신이 된다.
인간은 대답을 할 때 우리들 중 한 명이 된다.

25 _____

인간은 자기 자신을 궁금해할 때
가장 강력한 힘을 발휘할 수 있다.

질문

2

관찰

정성껏 바라보는 일만으로
세계를 꺼안을 수 있다

26 ____

"나는 어둠 속에 있고, 거기서 뚜렷이 보려고 애쓸 뿐이다."[*]

승리의 조짐이 밝지 않다고 하더라도,

나의 "직분에 충실한 성실성으로"[*]

애써 뚜렷이 보려고 애쓰는 것이 전부다.

[*] 알베르 카뮈, 『페스트』

27 ____

게으른 자는 봄을 말하고,

긴장하는 자는 돋아나는 새싹을 살핀다.

게으르거나 눈먼 자는 봄을 살피느라 새싹을 외면한다.

관찰

28

관념에 갇히면 보지 않고 판단한다.
보는 것은 세상이 내게 밀려들어 오도록
자신을 무방비 상태로 열어두는 일이다.

29

'아낀다'라는 말에는 '사랑한다'는 의미도 있고,
'절약한다'는 의미도 있다. 이 말은 하나의 가치에 집착해
자신의 마음을 과도하게 사용하지 않는다는 의미이다.
자애롭고 절제된 눈빛으로
자신이나 타인을 대하는 것이 덕을 쌓는 출발점이다.

관찰

30

자기 자신을 의식하고, 배려하고, 보살피며
긴장감 있게 바라보는 것,
바로 자기 존재에 관심을 두는 일이
내 안에만 있는 궁금증과 호기심을 살려내는
가장 중요한 장치이다.

31

하루 종일 봄 찾아 허둥댔으나 보지 못했네.
짚신이 닳도록 먼 산 구름 덮인 곳까지 헤맸네.
지쳐 돌아오니 창 앞 매화 향기 미소가 가득
봄은 벌써 그 가지에 매달려 있었네.
終日尋春不見春 (종일심춘불견춘)
芒鞋邊踏壟頭雲 (망혜변답농두운)
歸來笑撚梅花臭 (귀래소연매화취)
春在枝頭已十分 (춘재지두이십분)
—작자 미상의 선시 禪詩

관찰

32 _____

철학은 경이^{驚異}에서 출발한다.
익숙했던 것을 낯설게 마주할 줄 알아야
경이로움을 만날 수 있다.

33 _____

우주에는 설명할 수 없는 것은 없고,
오직 설명을 기다리는 것들뿐이니
아직 설명되지 않은 것들을 두려워하지 않을 배짱을 가져라.

34 _____

어떤 대상을 바라보는 일에는 거리 두기가 필요하다.
객관적 태도가 무너지면 그 대상을 소유하려는
욕구가 생기기 때문이다.
정성껏 바라보는 일만으로도 우리는 세상을 사랑할 수 있다.

관찰

35

용기는 불안을 감당하는 힘이다.
용기 없이 새로운 빛을 볼 수는 없다.

36

뿌리는 바로 구체적인 세계에 있다.
진리를 수용하는 사람들은 꽃 자체를 진리로 받아들인다.
그러나 진리를 생산하는 사람들은
'진리가 구체적인 세계에서 피어난 꽃'이라는 것을 안다.

37

있는 그대로의 세계는 자신의 마음보다 훨씬 넓다.
세계를 봐야 하는 대로가 아니라 보이는 대로 보게 될 때,
마음의 확장, 다시 말해 자기 존재의 확장을 경험한다.

관찰

38

감각적 태도로 세계를 만나면 세계와 밀착된다.
지적인 태도로 세계를 다루면 거리를 두고 세계를 관찰하게 된다.
세계를 다루려면 익숙함에서 벗어나
객관적인 시선으로 세계를 바라봐야 한다.

39

이념을 돌파하기보다는 이념을 옹위하는가.
파격을 시도하기보다는 질서에 순응하는 쪽을 택하는가.
나 자신을 표현하기보다는 스스로 우리라는
울타리 속으로 걸어 들어가는가.

눈앞의 사냥꾼을 보지 않음으로써 자신은
안전하다고 스스로 규정해버리는가.
세계의 진실을 대면하다가 스스로 마주하게 될
그 낯선 풍경이 두려운가.
그렇다면 당신은 이 세계의 진실을 외면하고 있는 것이다.

관찰

40 ____

창조적 탁월함은 기존의 것들을 불편하게 느끼면서
비로소 시작된다.

41 ____

장미꽃을 볼 때 그 이름이 붙여지기 전의 그것들로 보는가?
아니면 이미 마음속에 준비된 자세로 그들을 보는가?
장미꽃을 볼 때 그저 거기에 있는 그것으로 받아들이는가?
아니면 이미 듣고 알고 있는 그것으로 바라보는가?

관찰

42 ____

철학적으로 세상을 본다는 것은
시인의 눈으로, 연인의 눈으로,
혹은 광인의 눈으로 본다는 것이다.
되도록 편견 없이, 학습 없이, 관습 없이
보려 할 때 세상의 진면목을 발견할 수 있다.

43 ____

말은 마음을 표현하는 역할, 마음을 감추는 역할 둘 다 한다.
어느 한쪽 면만을 보려 하는 사람은 좁다란 인식으로
반쪽 세상을 보는 것이다.

관찰

8

보는 것은 세상이 내게 밀려들어 오도록
자신을 열어두는 일이다.

44

세상을 정의 내리려 할수록 생각의 크기는 작아진다.
정의 내린다는 것은 특정한 범위 안으로
생각을 가둔다는 뜻이기 때문이다.
세상은 가두어지지 않는 부분이 훨씬 크다.

45

세상과 진실한 관계를 맺고 싶다면
아무 정해진 틀 없이 손님의 태도로 세상과 만나보라.

관찰

46

인간은 세계를 소유하는 존재가 아니라 어루만지는 존재이다.
이 세계를 자세히 들여다보고,
곰곰이 생각하고 스스로 인식하는 일이
세계를 어루만지는 일의 출발이다.

47

궁금증과 호기심이 관찰과 몰입을 부른다.

48

내가 어떤 사람이나 사물에 반응하는 것에 몰두하다가
휘둘리고 흔들려서 우왕좌왕할 때가 있다.
이때 내가 상대에게 휘둘리는 것 같지만,
실은 내가 만든 틀 때문에 스스로 휘둘릴 때가 더 많다.
내 틀 때문에 흔들리는 것이다.

관찰

49

이 세계 가운데 가장 격렬하게 바라보고
어루만져야 하는 대상은 자기 자신이다.
우리가 자기 자신을 알아가고, 설명할 수 있을 때
자기 자신을 사랑하고 있음을 알게 된다.

50

자기가 존재한다는 사실을 스스로 확인하는 자는
그 순간에 영원을 함께 경험한다.
자기 존재의 자각, '순간'과 '영원'이
교차하는 성스러운 자리다.

관찰

독립

교육이 가야 할 방향

51

배움의 목적은 지식을 키우는 데 있는 것이 아니라,
자기 자신을 키우는 데 있다.
철학과 사상도 나의 자존과 나의 성장을 위해 존재하는 것이다.

52

알고 싶어 하는 마음이 우리를 지적이고 자유로운 인간,
행복한 인간으로 성장시킨다.
교육이란 무엇을 알려주는 것이 아니라
알고 싶어 하는 마음을 일깨우는 것이다.

53

부모가 자녀를 교육의 대상으로만 여기지 않고
자세히 살피고 어루만지는 사랑을 하면
자녀는 스스로를 믿는 사람으로 성장한다.

독립

54

스스로를 믿는 사람은 지혜롭다.

독립적이고 창의적이고 자유로운 사람은 자신을 믿는 자이다.

55

공부를 하려면 재미있고 좋아하는 것을 하라.

자기의 마음에 맞는 공부를 한다면

어찌 짜릿짜릿해지지 않을 수 있으랴.

56

교육이 실패하는 이유는 고독할 수 있는

시간 자체를 차단하기 때문이다.

나는 확신한다.

고독한 상태에서 '나는 누구인가'라는 질문을 던지고

스스로 답을 찾아간다는 것을.

57

대답은 이미 있는 지식과 이론을 확인하는 과정이다.
인간은 대답할 때 기능적으로 존재하게 된다.
그것은 온전한 자기 자신과 멀어지는 일이다.

58

놀이에 빠져 있는 아이는 시간 가는 것을 잊어버린다.
무엇을 하더라도 놀이하듯 하라.
그것이 대상과 내가 합일을 이루는 물아일체^{物我一體}의 경지에
이르게 할 것이다.

59

궁금증과 호기심은 이 세상 누구와도 공유되지 않는
오직 자신만의 사적이고 비밀스러우며 고유한 어떤 힘이다.

독립

60

부모가 '잔소리'를 줄인다는 것은
자녀에게 이래라저래라 함부로 강요하지 않는다는 말이다.
자식을 믿어야 가능한 일이다.

61

철학의 가장 궁극적인 덕목은 독립이다.

62

부모라면, 삶을 이뤄나가는 주도권을 자녀에게 돌려줘라.
자녀에게 자기 스스로에 대한 자부심이 깃들도록 하는 것이
부모 된 자의 역할이다.

독립

스스로를 믿는 사람은 지혜롭다.
독립적이고 창의적이고
자유로운 사람은 자신을 믿는 자이다.

독립

63

나는 언제나 대여섯 살 난 어린애들 앞에서도 조심한다.
아이들도 다 그들 방식대로 알고 행동한다.

64

나는 교육의 핵심이 자신에게만 있는 고유한 힘을 발견하고
그것을 키우며 살게 해주는 것이라고 생각한다.
여기서 위대하고 창의적인 모든 결과가 출현한다고 믿는다.
밖에 있는 별을 찾아 평생을 헤매는 사람이 아니라
자기 자신이 바로 별이라는 것을 알아야 한다.
그런데 이것을 누군가가 알려주는 것이 아니라
스스로 느끼도록 하는 것이 관건이다.

독립

65 ___

'저항'은 인간 생존의 표현 형식이다.
어머니의 자궁을 벗어나는 것도 일종의 저항이다.
인간 생존의 과정이 바로 저항으로 완성된다.

66 ___

현명하지 못한 부모는 자식을 자기 뜻대로 키울 수 있다고
믿지만, 자식이 스스로 알아서 크는 경우가 더 흔하다.
현명한 부모는 교육이 자화自化의 토대를 제공하는 것임을 안다.
자화의 중요한 토대란 자녀에게 안전을 제공하고,
사랑을 주고, 부모가 모범을 보이는 것이다.
'성적이 어떠냐?'라고 기능적인 것을 묻지 않고,
'어떤 사람이 되고 싶으냐? 무엇을 할 때 너는 행복하냐?'라고
본질적인 것을 묻는 것이다.

독립

다른 사람을 내가 바라는 대로 만들려는 생각은
안 하는 것이 좋다.
'어떻게 하면 사람들이 쓰레기를 버리지
않게 할 수 있을까?'라고 고민하기 전에
내가 쓰레기를 안 버리는 태도를
꾸준히 보여주는 것이 더 중요하다.

기능에 갇힌 교육은 숙지한 내용대로
'정답'을 찾는 기능인을 길러낸다.
본질에 닿는 교육은 스스로 '생각'할 줄 아는 인재를 길러낸다.
생각하는 인재는 '문제'나 '불편함'을 발견한 후
그것을 해결하려고 집요하게 붙드는
독립적이고 자유로운 사람이다.

독립

69

용기는 자신의 존엄을 지키며
자기로 살기 위해 발휘하는 주체적인 활동이다.

70

우리는 작은 쓸모에 빠져 큰 쓸모를 놓치곤 한다.
성적만을 중시하는 교육은
성적 너머 교육의 목적과 본질을 잃어버리게 한다.

71

질문과 생각이 얼마나 중요한 것인지를 안다면,
자신을 궁금해하는 일이 얼마나 중요한 일인지도 모를 리 없다.

독립

72

부모님, 감사합니다.
위대한 책을 머리 위로 받들지 않고,
손에 잡고 읽을 수 있는 신체를 주셔서 감사합니다.
'지덕체^{智德體}'가 아니라 '체덕지^{體德智}'가 맞다고 알려주는
근육을 주셔서 감사합니다.

73

부모님, 제게 생명을 주셔서 감사합니다.
생명에 착 달라붙어 질척거리지 않고, 한 발짝 떨어져
설명해보려는 몸부림을 주셔서 감사합니다.

독립

74

"내 어머니로 와주셔서 감사합니다"라고 말씀드릴 때
어머니는 "나는 미안헌디야"라고 해주셨습니다.
가슴 찢어지도록 감사합니다.

75

부모님, 감사합니다.
온몸을 돌아다니는 내 피가 나에게 조용조용
속삭이는 소리를 혼자 듣도록 평생 숨죽여주셔서 감사합니다.

독립

대화

읽기와 쓰기, 그리고 독립적인 삶

76 ____

성숙한 빗방울이 내리고 있다.

빗방울은 흔들리기도 하고, 비키기도 하고,

속도를 줄이기도 하고,

지상의 형편을 잘 살펴 옆으로 피할 줄도 알게 되었다.

그 성숙은 아마도 자기가 받아들여질 대지를

자세히 읽은 결과로 빚어졌을 것이다.

77 ____

우리는 끊임없이 읽는다.

책을 읽지 않더라도 마주치는

모든 사건과 세계를 읽고 또 읽는다.

산다는 것은 그래서 '읽기'이다.

대화

78 ____

시^詩에 입 맞추고 싶어 하는 영혼을 지닌 자는
열린 문을 찾기보다 닫힌 문을 두드리는 충동을 잃지 않는다.

79 ____

살아 있는 사람은 '읽기'를 한다.
이것은 다른 사람의 세계로 초대받는 일이다.
초대에 응해 그가 준비해놓은 길을 걷다가 어느 순간 우리는
그 길 위에서 자기 자신을 만나는 경험을 하게 된다.
읽다가 자신을 대면하면 이제 자신의 길을 도모하게 되리라.
'읽기'는 자기 자신을 표현하는 '쓰기'로 확장된다.
'읽기'와 '쓰기'를 하나의 활동으로 내장한 사람을
독립적 주체라고 말할 수 있다.
'읽기'와 '쓰기'를 부단히 들락거리며 주체는 무럭무럭 자란다.

대화

80

나의 '읽기'는 타인의 '쓰기'이다. '읽기'에는 '쓰기'가
흔적으로 새겨져 있다. '쓰기'와 '읽기'는
다른 두 사건이 아니라 기실 하나의 사건이자 하나의 동작이다.

81

시詩를 외우면 시인이 내 안에서 커지기보다는
시인 몰래 내가 자라버린다.
시를 외우면 시인이 나를 압도하는 것이 아니라,
내가 오히려 더 커져서 시를 압도하는 순간이 있다.
시를 몸으로 읽으며 '나'를 놓치지만 않는다면
그런 깨달음의 시간은 누구에게나 찾아올 수 있다.

대화

82

틈과 여백이 없으면 어떤 감동도 생기지 못한다.
감동이 없으면 논리로 무장한 비난만이 남는다.
세상은 서로 여백을 나누고 틈을 허용하는 것이다.

83

대화는 언어나 개념을 지나치게 믿는 자보다
그것을 덜 믿는 자에게 열려 있다.
언어 자체보다는 상대방에게 열려 있는 태도가
우리를 소통에 이르게 한다.

84

누구나 생명이 있는 한, 더 나아지기를 원한다.
더 나아지기 위해서는 지식과 내공이 함께 있어야 한다.
이 두 가지를 모두 키워줄 수 있는 것으로 '책 읽기'가 최고이다.

대화

85

책을 읽으면 우리는 예상하지 않은 어느 곳으로
건너가는 경험을 하게 된다.

86

책이란 곰곰이 생각하는 훈련이 잘된 사람들이 남긴 결과이다.
독서란 그것을 접촉해 자신도 곰곰이 생각하는
능력을 만들어가는 가장 아름다운 방법이다.

87

말이나 글로 배운 것으로는 자유를 획득하지 못한다.
모험이나 도전으로는 자유를 획득할 수 있다.
글이나 말은 전수할 수 있어도 모험이나 도전은 전수할 수 없다.

대화

88 ____

경전을 읽는 것만으로 삶의 문제가 해결되지 않는다.
경전을 읽기 전에 자기를 읽는 연습을
게을리하지 않아야 탁월한 삶에 이를 수 있다.
내가 누구인지, 무엇을 원하는지, 어떻게 살다 가고 싶은지
한 번도 자신에게 물어보지 않고 설명해보려 하지 않은 사람이
아무리 훌륭한 책을 열심히 읽는다 한들 삶이 바뀌지 않는다.
자기를 읽는 일이 먼저다.

89 ____

책 속에는 길이 없다.
단지 저자의 길이 있을 뿐이다.

대화

90 ——

위대한 고전이나 철학자에게 자기 삶을 의탁하지 말라.
그것은 자기에게 특수하고 구체적이며
울퉁불퉁한 이 세계를 평평하게 만들어버리는 일이다.
자기 삶의 문제를 해결할 수 있는 것은 자기 자신이다.

91 ——

모험과 도전은 오직 한 사람의
고유한 욕망으로 세상에 드러난다.
그것은 글이나 책 속이 아니라
한 사람의 비밀스러운 곳에서 시작된다.

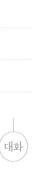
대화

책을 읽으면 우리는 예상하지 않은
어느 곳으로 건너가는 경험을 하게 된다

92 ___

이 세계의 풍경은 하나하나가
해석을 기다리는 문장들이자 음표들이다.
한 사람이 세상을 해석한 마음속 문장들을
누군가와 나누고 전승시키면서 인류의 문명사는 발전해왔다.

93 ___

이제 알겠다.
위대한 고전들은 다 자기 자신처럼
산 사람들이 남긴 결과라는 것을.

대화

94 ___

위대한 현인이라 불리는 사람들은 스스로를 '문제' 속으로
빠트리고 그것을 해결하려고 고뇌한 사람들이다.
'불편함'을 외면하지 않고 그것을 해소하려고
발버둥친 사람들이다.

95 ___

우리가 위대한 현인의 책에서 배워야 하는 것은
삶의 문제를 다루는 그들의 '태도'에 있다.

96 ___

아무 말 없이 걷는다. 침묵을 고요하게 지나가본다.
침묵은 큰 곰을 어깨에 얹혀놓고 걷는 것보다 어려운 일이지만,
침묵을 내면 깊숙한 곳까지 끌고 가본 사람은
가는 내내 알 수 없는 힘을 발휘하여 새길을 낸다.

대화

97 _____

기능적 활동에 갇힌 사람은 편한 것을 추구하며
가벼운 잡담과 비교와 욕망에 빠져서
자신의 본바탕을 놓치고 가볍게 흔들린다.

98 _____

어떤 이념을 정해둔 채 세계를 보지 말고,
변화하는 구체적인 세계를 읽어 자신의 문법을 만들라.
인문학이란 이러한 '인문적 시선'을 가진
인간을 키워내기 위한 것이다.

대화

99 ____

성인의 말씀을 읽는 것으로

내가 성인이 된 듯 착각할 때가 있다.

혁신에 대해 토론하는 것으로 혁신을 한 듯 착각할 때가 있다.

덕이든 혁신이든 일상에서 사건으로 발동시켜야 진짜다.

100 ____

세상의 거의 모든 고전은

어찌해볼 도리가 없는 상태, 그 막다른 길목에서 탄생했다.

자신이 돌파해야 할 한계를 스스로 정하고

그 한계를 기꺼이 만나본 사람은 자기만의 고전을 쓰게 된다.

대화

5

철학

정해진 마음을 내려놓고

101 ___

철학적 사고를 하는 사람은 얌전하지 않다.
그는 이미 있는 것들에 답답해하고,
세상과의 불화를 자초하는 자이다.

102 ___

우리는 흔히 음식을 다섯 가지 맛으로 구분한다.
그렇게 익숙해져 있기 때문이다.
이 세계에 존재하는 무수한 맛과 색과 소리를
우리가 알고 있는 특정한 언어로
온전히 표현하는 것이 가능할까?

철학

103 ____

눈은 보고 싶은 것만 볼 수 있고,
귀는 듣고 싶은 것만 들을 수 있으니
인간의 감각이란 것은 얼마나 제한적이고 주관적인가.

104 ____

지구가 둥글다고 배운 대로 쉽게 말하는 사람과
가만히 생각하고 곰곰이 따져봐서
지구가 둥근 것으로 이해하는 사람은
세상과 접촉하는 범위가 다르다.

105 ———

세계를 지적^{知的}으로 다루는 사람은 세상을
더 넓고 깊게 접촉한다.
지적이라는 것은 지식의 양을 말하는 것이 아니다.
가만히 생각하고 자세히 따져보는 능력을 말하는 것이다.

106 ———

지식의 축적 여부를 떠나 지성적인 높이의 시선을
갖느냐 갖지 못하느냐가 그 삶의 격을 결정한다.
그 지성의 극처^{極處}에 철학이 있다.

철학

107

가장 큰 인격은 자신만의 생각에 갇히지 않는 사람이다.

경청傾聽이 중요한 이유이다.

108

빈틈을 허용하지 않는 내공보다

빈틈을 허용하는 내공이 훨씬 세다.

주면 얻게 되고, 뒤로 물러나면 앞서게 되고,

비우면 채워지는 이치와 비슷하다.

109

세상 속의 물건이나 제도는 모두 생각의 결과이다.

대답의 결과로 나온 것은 단 하나도 없다.

모두 질문의 결과이다.

생각이 곧 질문이고, 질문이 곧 생각이다.

철학

110

인간을 탁월하게 만드는 두 가지 힘은 '추상'과 '은유'이다.
추상은 보이는 것을 보이지 않는 영역으로 다뤄내는 능력이고,
은유는 이질적인 것들 사이에서
동질성을 발견하여 연결하는 능력이다.

111

눈에 보이지 않는 것을 중시할 때 비전을 가질 수 있다.
보이는 것 이면을 볼 줄 아는 추상 능력이 있어야
나라도 기업도 제대로 운영할 수 있다.

112

철학의 기본 정신은 믿음을 따르지 않고
주체적인 독립성으로 사고하는 것이다.

철학

철학적 사고를 하는 사람은 얌전하지 않다.
그는 이미 있는 것들에 답답해하고,
세상과의 불화를 자초하는 자이다.

철학

113

인간은 습관대로 일상을 살아가기 쉽다.
혼란스러운 시대를 살면서도
혼란을 알아보는 사람이 많지 않은 까닭이
습관의 무거움 때문이다.

114

인문적 통찰을 통해 도달할 수 있는
궁극적 지점은 행복이다.

115

이론에 기대는 사람은 게으른 사람이다.
부지런한 사람, 각성의 능력이 있는 사람은 이론에 기대지 않고
일상을 살아가다가 바로 문제 속으로 침투한다.
그러다 돌부리를 만나면 그때 이론을 찾는다.

116

자기 확신에 빠지면 점검 능력과 반성 능력이 현저히 떨어진다.
반성하고 점검하는 능력이 있어야
실수를 하더라도 반복하지 않고 되도록 빨리 교정한다.

117

비실용적인 학문은 없다.
인간이 다루는 한 철학도 예술도 모두
살아가기 위한 실용학문이다.

118

지식은 만들어지는 순간, 멈추는 속성이 있다.
흡수한 지식에 매몰되다 보면
멈추는 사람, 과거를 지키는 사람,
대답하는 사람으로 굳어져간다.

철학

119

진정으로 존재하는 것은
저 멀리 있는 이념이 아니라 바로 나 자신, 바로 여기다.

120

세상은 한순간도 멈춤이 없고
고정된 뿌리를 가진 것이라고는 하나도 없다.
그래서 한 생각이나 한 대상에 집착하고
남에게 내 기준을 강요하는 것이 가장 헛된 일이다.
마음속에 스스로 지은 틀을 걷어낼 수 있으면
그 순간 큰 인격의 사람이 된다.

121

신념이 강해지면 그것으로만 세계를 보려 한다.
신념이 강해지면 그것이 기준이 되고 기준이 만들어지면
구분과 배제가 이어진다.
신념에 스스로를 가두려 할수록 세상이 협소해진다.

122

어둠이나 오리무중의 세상에서 아직 오지 않은
새로운 빛을 발견하는 과정이 '철학한다'는 것이다.

123

지적으로 부지런해야 곰곰이 생각할 줄 알고,
곰곰이 생각해야 질문하게 되고,
질문해야 문제를 파고들고,
문제를 파고들어야 참 실천력이 발동한다.

124

감각적인 삶에만 익숙해져 있으면
자신이 접촉하는 세계가 작아진다.
세계를 만난다는 것은 감각뿐만 아니라
사유까지 모두 동원해 한 사람이 인식할 수 있는
세계의 크기를 넓혀가는 일이다.

125

생각하는 대로 사는 것이 사람이다.
공동체의 모습도 생각하고 뜻하는 바대로
만드는 것이 사람이다.
그렇기 때문에 생각의 수준을 높이는 일이
나와 공동체의 삶을 위하는 길이 된다.

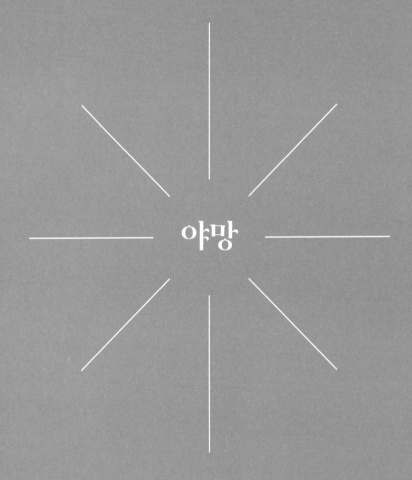

야망

나만의 황당무계함을 찾아서

126 _____

지중유산地中有山이란 '땅속에 산을 품고 있다'는 뜻이다.
큰 산 하나를 마음속에 품고 있으면
꿈을 이루려는 사람이 된다.

127 _____

꿈은 아직 없는 것에 대한 사랑이자 확신이다.

128 _____

많은 사람들이 원하는 것보다 당연한 것으로
자기 자신을 채우고 살아간다.
원하는 것이 스스로에게 분명할 때
별처럼 빛나는 삶을 살 가능성이 커진다.

야망

129 ____

신화나 우화는 '없는 것'에 관한 이야기다.
세상사 변화의 주도권은 마음속에 신화나 우화를 품고 있는
측이 갖는다. 과학자가 새로운 가설을 세우고 몰두하는 일,
지식을 생산하는 모험에 나서는 일, 질문하려고 덤비는 일,
아는 것을 바탕으로 해서 모르는 곳으로 넘어가려고
발버둥치는 일, 정답을 외면하고 애써 문제에 참여하는 일,
길 끝에서 돌아서지 않고 새길을 열려고 팔뚝을 걷는 일,
모두 다 신화적인 삶이다.

130 ____

독립은 익숙한 것이 갑자기 낯고
불편하게 느껴지면서 거기에서 벗어나려고
용기를 발휘한 사람에게 찾아오는 선물 같은 것.

야망

131 ____

아이들은 언제나 미래를 향한다.
미래는 아직 열리지 않은 곳, 아직 도래하지 않은 것이다.
생의 발자국은 숙명적으로 아직 열리지 않은 곳으로
부단히 건너가야 한다.

132 ____

여행은 익숙한 곳에서 이탈하여 어딘가로 떠나는 사건이지만,
그렇다고 해서 떠나는 것이 다는 아니다.
여기저기를 향해 부산스럽게 떠다니는 것만이 반복된다면,
그것은 그저 아무 의미 없는 자극의 연속일 뿐이다.
여행은 하나의 머물기가 다른 머물기로
바뀌는 사건이어야 한다.
여행의 위대한 주인은 머무르기 위해 떠나는
모순적 행위를 범하며 고유하고 특별한 존재로
다시 태어난다.

야망

133

우리 삶이 온갖 목표로 가득 채워지면 목적을 잃어버리게 된다.
눈앞의 제한된 목표에 갇히게 되면
저 하늘의 '별'과 같은 가치들을 놓치고 만다.

134

본질本質이란 무엇인가.
'어떤 것을 다른 것이 아니라 바로 그것이게 하는 성질'이다.

135

흉내 내기에만 익숙해지면 자신을 스스로 응시하는
능력 자체가 사라져버린다.

136 ____

모든 새로움은 이상한 얼굴로 등장한다.
세계에 영향을 줄 정도의 혁신은 어색하고
이상한 것으로 출발한다.

137 ____

탁월한 인간은 '다음'이나 '너머'를 꿈꾼다.

138 ____

우리는 기존의 프레임에 갇히기가 십상이다.
그러나 이 프레임에서 저 프레임을 향해
몸이 기울어져 있는 사람, 새로 다가오는 프레임을
보는 사람은 새로운 장르를 발견한다.

야망

139

행복의 기준이 다양한 사회일수록 사람들의 행복지수가 높다.

140

사회가 공유하는 보편적인 기준이 아니라
자신에게만 있는 고유한 욕망에 집중할 때
행복에 가까이 갈 수 있다.

141

감동의 출발은 자기 자신이 되어야 한다.
자신이 무엇을 원하는지 스스로에게 묻고
조곤조곤 설명할 수 있는 사람은 삶의 만족도가 높다.
감동은 삶의 질을 올리는 중요한 요소다.

야망

꿈은
아직 없는 것에 대한
사랑이자 확신이다.

142 ——

이미 있는 세계를 편안하게 느끼는 사람은
나이와 무관하게 청년이 아니다.
청년은 아직 오직 않은 세계를 살아갈 사람들이다.

143 ——

자기로부터 나오지 않은 것은 설득력이 없고 새롭지 않다.

144 ——

위대한 현인이 남긴 책을 읽고
그가 남긴 말을 따라서 살아가는 것은
또 다른 익숙함을 만드는 일 외에 아무것도 아니다.

야망

145

질문에는 옳고 그름이 없다.
질문을 했다는 사실이 의미 있을 뿐,
질문은 옳고 그름처럼 확고하게 정해진 것이 아니다.
인류 역사의 창조적이고 새로운 것은 모두
엉뚱한 질문에서 나왔다.

146

통나무는 모든 가능성을 향해 열려 있다.
책상도 되고, 가면도 되며, 식탁도 될 수 있다.
심지어 그 상태 그대로 썩어버릴 수도 있다.
자연에는 일정한 방향이란 것이 없다.

147 _____

운동은 인간이 자기 자신을 경험하는 가장 직접적인 활동이다.
자신을 인식하는 행위인 운동이야말로
일종의 글쓰기며 시^{詩}이며 창의다.

148 _____

자신의 이야기를 만들어내는 사람이
결국 인생을 탁월하게 만든다.

149 ____

생각 없는 사람은 비교에 빠진다.
자신의 생각이 아니라 세상의 정해진 기준을
그대로 받아들이기 때문이다.

150 ____

세상에 만들어진 모든 물건, 제도, 철학은
'문제'를 발견해서 해결해보려는 도전,
'불편함'을 느끼고 해소해보려는 실천적 고뇌에서 시작되었다.

7

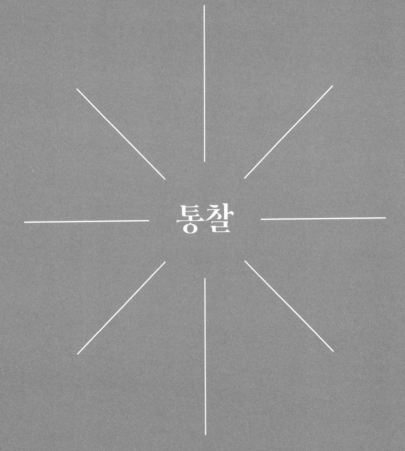

통찰

건너가는 자는 세계의 진실을 포착한다

151

고인 물은 썩는다. 고여 있으면 익숙해진다.

그래서 익숙함은 모든 존재를 파괴하는 중한 병이다.

이 병을 치료하기 위해서는 병든 몸으로라도

떠나는 수밖에 없다. 여행은 이렇게 시작된다.

152

창의력의 핵심은 무^{無}에서 유^{有}를 만드는 것이 아니라,

이질적인 것들끼리 연결하는 것이다.

153

'인간이 그리는 무늬', 인문^{人文}은 인간이 이 세계에서

움직이며 형성하는 결이다.

미래를 준비하는 사람이라면 '인간이 움직이는 동선'을

알아채고 느껴야 한다.

통찰

154

창의적인 사람, 관용적인 사람, 큰 사람, 위대한 사람,
시대를 앞서는 사람은
정해진 마음, 즉 성심成心의 제약을 덜 받는 사람이다.
그는 정해진 틀을 지키려 애쓰기보다는
자기에게만 있는 고유한 '덕'을 발휘하는 존재이다.

155

모든 발전은 현재의 다음 단계를 궁금해하고 꿈꾸다가
거기에 몰입하면서 이루어진다.

156

선도하기 위한 통찰의 힘은 인문학에서 나온다.
인문학은 고급 지식의 향유를 위한 것이 아니라
생존 차원의 문제다.

통찰

157

피부는 나의 안도 아니고 밖도 아니다. 피부는 경계다.
나는 피부를 통해 외부의 것과 항상 연결돼 있다.
나의 생명력, 나의 성취는 내가 다른 이질적인 것과
어떻게 관계 맺느냐가 결정한다.
경계에서 나 아닌 외부의 것과 항상 관계를 맺어라.
깨어 있으라.

158

우리가 걸어온 세상이 정해진 목표에 가능한 한
빨리 도달하려 하는 '직선'의 세계였다면,
앞으로 나아갈 세상은
관계성을 소중하게 여기는 '곡선'의 세계이다.

통찰

159

살아 있는 것은 부드럽고 죽어 있는 것은 뻣뻣하다.

살아 있는 것은 변화를 겪는다.

변화가 멈추고 화석화되는 것은 죽는 일이다.

160

십년이면 강산도 변한다고 한다.

이 말은 철저히 인간 편에서 한 말이다.

강산은 어제도 변했고, 지금도 변하고 있다.

통찰

161 _____

성장하는 삶을 살고 싶은 사람은
'그다음'에 대해서 말할 수 있어야 한다.
지혜로운 사람은 자신이 알고 있는 것에 머물지 않고,
알고 있는 것 '다음'을 따라 아직
알려지지 않은 곳으로 넘어가려고 시도한다.

162 _____

대부분의 사람들이 평범하고 대중적인 관심에 빠져 있을 때,
시대 문제를 포착하여 새로운 장르를 형성하는 사람이 있다.
그는 번잡한 일상 속에서도
사람들의 욕망이 어디로 이동하는지,
그 흐름을 시대의식으로 포착하여
구체적으로 적용할 줄 아는 사람이다.

통찰

모든 발전은 현재의 다음 단계를
궁금해하고 꿈꾸다가
거기에 몰입하면서 이루어진다.

통찰

163

인문적 통찰이란 '조짐을 읽는 능력'이다.

164

곰곰이 생각한다는 것은
나와 세계를 궁금해하는 지적인 활동이다.
그것은 다음을 향해 건너가는 삶으로 이어진다.

165

경계에 선 사람은 유연하다. 살아서 운동하기 때문이다.
사물^{死物}은 굳어 있지만 생물^{生物}은 유연한 것이 이치이다.

통찰

166

예민한 사람들은 변화의 가닥을
시시각각 감지하는 '더듬이'를 가지고 있다.

167

모든 창조는 고독을 가볍게 털어낸 사람의 몫이다.
이 쓸쓸함은 강요된 것이 아니라
자초한 것이므로 혼자가 된 자에게는 힘이다.
남들이 가지 않은 길, 해보지 않은 생각을
시도하는 것이 바로 '창조'적인 힘이다.

통찰

168

세계는 변한다. 이렇게 있던 것이 저렇게 달라지는 것,
이 자리에 있던 것이 저 자리로 가는 것,
이것이 저것으로 달라지는 것이 '변화'이다.
세계는 한순간도 멈추거나 고정되지 않는다.

169

신념에 기대면 온전한 자신을 드러내지 못할 뿐만 아니라
자기 앞에 펼쳐지는 세계의 진실과 접촉할 수 없게 된다.
신념으로 말뚝 박히듯이 고정되어 있기 때문에
변화하는 세계의 맨얼굴을 만나지 못하는 것이다.

170

문명의 책임자로서 좋은 물건과 제도를 만들기 위해서는
철학적 사유가 선행되어야 한다.
제도가 생각을 지배하는 것이 아니라,
생각이 제도를 지배할 수 있는 단계에 올라설 때
만들어내는 결과물이 달라진다.

171

봄은 꽃을 피우게 한 공功에 머무르지 않고 여름으로 넘어간다.
여름은 열매를 익게 한 공에 머무르지 않고 가을로 넘어간다.
자연은 한 계절에 머무르려 하지 않기 때문에
일년을 이루는 위대함을 완성하는 것이다.

172

어떤 문제에 부딪혔을 때, 의견을 청하고 싶은 사람이 있다.

인격적으로 성숙한 그에게는

사람을 움직이게 하는 힘이 향기처럼 뿜어져 나와

저절로 따르는 이가 많아진다.

173

결정을 잘 내리는 리더가 있다면,

그는 편견과 신념에서 자유로운 사람일 것이다.

그 넉넉함이 통찰과 제대로 된 결정으로 무르익는다.

통찰

174

이미 있는 길을 가는 데 익숙해지면
도약하는 삶에 닿을 수 없다.
없는 길을 열면서 가는 것을 당연하게 생각한다면
선도하는 주체가 될 수 있다.

175

지혜란 다른 말로 하면 '멈추지 않기'다.
정해진 마음^{成心} 없이,
생각하는 수고를 멈추지 않는다면
'다음'으로 건너가는 '성숙'을 이룰 수 있다.

소명

나와 세상에 성실한 태도

176 ____

자신을 궁금해하라.

자신을 부지런히 궁금해하면,

삶이 예술적인 높이로 승화하는 경험을 하게 될 것이다.

177 ____

'직^職'이 삶의 방편이라면, '업^業'은 삶의 방식이다.

인간은 역할^[職]을 통해 자신을 실현하고 완성^[業]한다.

자신의 역할을 하나의 수행처 삼아 정성스러운

마음가짐으로 자아를 완성해나간다면

'직'과 '업'이 하나 되는 직업인으로 살아갈 것이다.

178 _____

자신의 일을 묵묵히 하다 보면
어느 순간 해왔던 일이 다르게 보이는 때가 있다.
인문학적 통찰에 이르는 길이 정해져 있는 것이 아니라
최선으로 일하다 보면 그 안에서 새로운 경로들이 생겨나
창의적인 활동으로 이어주는 것이다.

179 _____

아름다운 목소리를 가지고 있는 것보다
목소리를 잘 다루는 것이 더 중요하다.
무엇을 가지고 있는가보다 그것을 얼마나
잘 다루는가가 더 중요하다.

180

지극한 경지에 이르는 것의 출발은 노력이다.

두께가 두껍게 쌓는 것이다.

쌓고 쌓고 또 쌓는 사람은 엄청난 축적의 과정을 거쳐

물고기가 대붕^{大鵬}으로 바뀌는 『장자』의

이야기처럼 도통^{道通}의 길에 이른다.

181

다른 사람을 바꾸려 하지 말고

나는 내가 할 수 있는 일을 하면 된다.

언제나 남보다 내가 무엇을 할 것인가가 핵심이다.

소명

182

성공한 사람에게 가장 큰 적은 성공의 '기억'이다.
성공한 다음에 그 '기억'에 갇히면
새롭게 펼쳐지는 상황에 맞는 새로운 방법을 찾지 못하고
과거에만 머물려 하기 때문이다.

183

모든 발전과 성장은 자기의 한계를
인정하는 것에서부터 출발한다.
자기의 한계를 안다는 것은 때로 천형을 받는 일과도 같지만
자기가 믿어온 것이 전부가 아님을 깨닫는 일은
참회, 각성, 자각의 순간에 이르게 한다.
한계에 대한 인식 없이 한계를 넘어설 수 없다.

184

자아실현이나 완성은 장소에 좌우되지 않는다.

오히려 장소를 지배하는 자신의 사명이 결정적이다.

어디에 있든 자신이 중심을 지키면 된다.

185

원하는 것이 강력할 때 우리는 무엇인가를 지속할 수 있다.

186

실력 있음을 나타내는 것 중에 하나가 유연성이다.

유연성은 자기 각성과 반성을 통해서 상대에게 양보함으로써

내 이익을 더 크게 실현할 수 있는 실력이다.

소명

'지식'은 세계를 이해하는 강력한 도구이다.
'내공'은 어떤 도구를 자유자재로 쓰는 힘이다.
탁월한 사람은 지식과 내공을 함께 품은 자이다.

지혜로운 사람은 자기 자신을 알려고 하는 마음이 강하다.
지혜란 흡수한 지식을 자기의 필요에 맞게 재생산하고
재배치하는 일이기 때문이다.
자기 자신과 삶의 터전에 집중하는 사람은
지식을 지혜로 잘 승화시킬 수 있다.

189

어느 조직에 비평가와 분석가가 많아진다면
그것은 좋지 않은 조짐이다.
구성원들이 참여자나 행위자, 책임자로 존재하지 않고
제3자나 구경꾼으로 존재하려 하기 때문이다.
비평이나 분석에 빠지는 제3자적 태도만으로
주인으로서의 삶을 살아가기란 어렵다.

190

내 안에서 솟아나는 것은 다짐할 필요가 없다.
한 사람의 질문, 포부, 소명은 인격적인 문제이기 때문에
절대 외부로부터 만들어질 수 없다.
"열심히 하겠습니다"라고 다짐할 필요가
없는 일이 자기 일이다.

소명

확신 안에서 살면 세상이 작아지고,
확신 밖에서 살면 세상이 확장된다.

191

외로움은 나 말고 다른 것에 기대는 소극적인 심리이다.

고독은 내가 나로 존재할 때 느껴지는 독립적인 심리이다.

192

고독한 존재는 꿈을 꾼다.

외로운 존재는 현실의 한 귀퉁이를 붙잡으려고 애를 쓴다.

고독한 존재는 미지의 세계로 떠나려 하고,

외로운 존재는 익숙한 세계에 남으려 한다.

193

덕德은 어떤 한 사람을 다른 사람이 아닌 바로

그 사람이게 하는 힘이다.

그 힘은 궁금증과 호기심으로 드러난다.

194

'착실한 보폭'이 없는 높은 경지란 없다.

어떤 경지도

일관성과 지속성이 함께 쌓아 올리는 것이다.

195

봄은 꽃을 피워놓고 그 꽃을 영원히 간직하려 하지 않는다.

여름으로 옮겨간 자연이 그 꽃을 곡식으로 익게 하고,

미련 없이 가을로 향하는 길을 떠난다.

자연이 위대한 것은 자신이 이루어낸 성과를 딛고 서 있거나

그것을 소유하려 들지 않기 때문이다.

소명

196

꽃은 가장 아름다운 단계에서 바로 시들기 시작한다.
가장 화려한 단계를 지속하려고 고집하는 것은
자연의 존재 방식이 아니다.
성과를 이룬 다음에는 자연의 겸손함을 떠올려야 할 때이다.

197

확신 안에서 살면 세상이 작아지고,
확신 밖에서 살면 세상이 확장된다.

198

덕이 없으면 이웃도 원수로 만들 수 있다.
덕이 있으면 원수도 이웃으로 만들 수 있다.
덕은 향기처럼 주변으로 퍼져나가는 것이다

소명

199 _____

앎이 늘어갈수록 내 자유가
공동체의 자유와 깊게 연결되어 있다는 것을 알게 된다.

200 _____

시민의 책임성을 지닌 사람은 제3자적 입장에서
비판만 일삼지 않고, 직접 행위자로 등장하려고 애쓴다.
남의 탓이 아니라 자신의 책임성으로 자각하는 것이
시민적 교양의 출발이다.

소명

9

예술

삶이 예술이 되는 경지

201

예술은 오로지 자신만의 눈빛을 믿고
뚜벅뚜벅 앞으로 힘차게 걸어가는 일이다.

202

아침 산책이 그리워서 잠을 설치고
파랑새 우는 소리에 전율을 느끼는
월든의 소로 ^{Henry David Thoreau}처럼,
예민함은 살아 있다는 증거다.

203

철학자, 시인, 예술가, 과학자의
다른 이름은 '예민한 관찰자'이다.
그 힘은 일상의 속박으로부터 한발 물러나
시대를 자세히 관찰하는 예민함에서 나온다.

예술

204 ——

우리는 예술 작품 앞에서
한 인간이 자신에게만 있는 고유함을
보편적인 높이로 승화시키기 위해
얼마나 꾸준히 걸었는지를 느끼고 감동한다.
자기 자신이 된 사람은 자기 자신을 넘어선다.

205 ——

놀이나 공상에 빠지기. 지루함을 견디기.
운동, 글쓰기, 낭송 따위로 예민한 감각을 깨우기.
이것은 '나'의 내면을 단련하는 창의적인 활동들이다.

창조적 세계는 익숙함과 결별하여 세계를 낯설게 바라보는
집요한 관찰 속에서 등장한다. 그것을 글로 쓰면 시가 되고,
색깔로 표현하면 그림이 되고, 소리로 표현하면 노래가 되고,
명징한 범주의 틀로 구성하면 철학이 된다.

207 _____

모차르트는 "음표와 음표 사이에 음악이 있다."라고 말했다.
우리는 음악이 음표와 음표 자체를 표현하는 것이라고 알지만,
이 음표에서 저 음표로 건너가는 동작인지도 모른다.

예술

208

사람들이 언어를 사용할 때, 시인은 언어를 지배한다.
시인은 자기만의 독특한 방식으로
언어들 사이의 긴장과 생략과 절제를 만들어내고,
사람들은 그 시적 상상력과
감동 속에서 알지 못했던 세계를 만날 수 있다.
시인은 아직 언어로 드러나지 않은 진실을
우리에게 보여주는 사람들이다.

209

세상 사람들이 모두 아름답다고 하는 것을
아름답다고 여기면 그것은 추한 것이다.
아름다움을 스스로 창조하는 사람이 아름다운 것이다.

210 _____

주어져 있는 이념이나 신념을 기준으로 산다면
아름다운 일상은 존재할 수 없다.

211 _____

다른 사람이 편리하다고 생각할 때 불편함을 느끼는 것이
창의의 출발점이다.

212 _____

창의력은 기능적으로 길러지는 것이 아니라
이 세계에 대해 궁금해하는 태도에서 나온다.

다른 사람이 편리하다고 생각할 때
불편함을 느끼는 것이 창의의 출발점이다.

213

시는 쓰는 것이 아니라 토해지는 것이다.

214

자발적이지 않은 것은 생명력이 없고,
창조적인 발전을 기대하기 어렵다.
자기 자신에게 집중하는 일은 자기를
'나'라는 고유명사로 살려내는 길이다.

215

예술가는 예민한 감각으로 인간이
나아가는 길을 먼저 보는 사람이다.
예술의 정신은 '먼저 보는 일'에 있다.
먼저 보는 일은 익숙한 자신에 대한 저항에서 출발한다.

216 ___

불안은 삶의 한 요소다.
불안은 나를 키우는 중요한 연료다.

217 ___

"깨어 있으라!"는 말은
"생각하라!"는 말에 제일 가깝다.

218 ___

여가마저 노동이나 일로 만들어버리지는 말자.
여가를 재미와 놀이로만 남도록 해야 할 것이다.
기존의 체계를 벗어나 재미와 놀이로
나아가는 길에 오히려 관조가 있다.
이 길 위에서 창조적 활동도 가능해진다.

219

예술 작품이 전하는 압도적인 힘의 밑바탕에는 의외성이 있다.

220

예술 작품 안에는 세계가 나아갈 방향에 대한
메시지가 들어 있다.

221

예술가는 있는 길을 가는 사람을 넘어서서
없는 길을 열면서 가는 사람이 되어야 한다.
없는 길을 열면서 갈 때 발휘되는 것이
상상력, 창의성, 독립성이다.

예술

222 ____

예술은 명사로 굳어가는 인간이 동사적 인간으로
거듭나려는 길목에서 만나야 하는 사건이다.
예술적 감동이 콘크리트처럼 굳어 있는 존재를
깨우는 충격이 되기 때문이다.

223 ____

시를 쓴다는 것은
나의 감각, 감동, 예민함을 살려내는 일이다.

224

음악에 굴복할 줄 아는 귀, 시에 박힌 소리를 들을 줄 아는 눈,
과학이 지혜의 터전임을 아는 지력,
수학의 아름다움에 반응할 줄 아는 가슴!

225

타인에게 내 생각을 강요하거나 가르치거나
계몽하려 들지 말라.
내 안에 타인을 맞이할 공간만 마련해둔다면,
거기서 사람들은 마음껏 교감하고 관계를 만들어낸다.

10

행동

철학은 동사다

226

신뢰를 얻고 싶다면 우선 자기가 한 말을 지켜라.
믿을 신信은 '사람[人]과 말[言]의 일치'를 뜻하는 한자다.
행동과 말이 일치하는 사람은 신뢰할 수 있다.

227

철학은 견고한 건축물처럼 존재하는 것이 아니다.
철학philosophy은 지혜sophia를 사랑하는philos 행위 자체로 존재한다.
철학은 명사가 아니라 동사다.

228

우물 안에서 우물 밖을 꿈꿀 때, 인간은 '질문'을 하게 된다.
우물 안에만 머물려 하거나 우물 안에 머물던
습관을 버리지 못할 때, 인간은 '대답'에만 빠진다.

행동

229

물은 낮은 곳으로 흐르고, 일정한 모습을 가지고 있지 않고,
모든 곳에 골고루 퍼진다. 그런가 하면 한 방울 한 방울의 물이
돌도 뚫어버리고, 홍수가 나면 거대한 산도 허물어버린다.
이 세상에서 가장 부드러운 것이 강하고 굳센 것을 이긴다.

230

살아 있다는 것은 감촉과 경험에서 온다.
봄이 왔다는 것을 얼음이 풀리는 순간을 만져보고,
새싹이 돋는 순간을 들여다보면서 알게 되듯이.

231

감동^{感動}은 자기^[心] 전체^[咸]가 움직이는^[動] 일이다.

232

질문은 내 안에 있는 궁금증과 호기심이
내 안에 머무르지 못하고 밖으로 튀어나오는 일이다.
인간은 질문할 때 온전한 자기 자신이 된다.

233

인간은 경계에 존재한다. 배움과 가르침, 배움과 표현,
읽기와 쓰기, 듣기와 말하기 사이에 존재한다.
지적인 부지런함을 발휘해 두 세계를
넘나들 줄 알아야 지혜로운 사람이다.

234

삶 자체가 동사다.

행동

235

아버지는 내내 근면하셨다.

말수가 적으셨지만 그냥 태도만으로 나에게

강렬한 이야기를 전하는 때가 가끔 있었다.

횟수는 많지 않았지만 어떤 순간 아버지의 자태에는

어렴풋이 시가 있었고, 음악이 있었고,

삶의 정체를 파고드는 번뇌가 있었고,

죽음에 대한 통찰이 있었고,

신과의 소통 능력이 있었다.

말수가 적은 사람들은 그들 나름대로 자신의

의사를 세계에 전달하는 방식을 따로 갖는다.

태도나 몸짓이나 눈빛들이 그것이다.

236

인간은 끝없이 배워야 하지만

그 배움이 지식의 축적에만 머물러서는 안 된다.

어떤 배움도 결국에는 나를 표현하기 위한 과정이 되어야 한다.

삶 자체가 동사다.

237

배움 이후에 더 성숙해졌는가? 더 관용적인 사람이 되었는가?
눈매가 더 깊어졌는가?
삶에서 '변화'를 동반하는 배움이라야 가치가 있는 것이다.

238

우리에게 중요한 일은 누구의 철학을 취하는가의
문제가 아니라, 지금 우리가 살고 있는 시대 속으로
스스로 걸어 들어가는 일이다.
그것은 궁극적으로 시대정신을 파악하는 일이다.

239

염치없는 행위를 하고도 염치가
느껴지지 않는다면 알아채야 한다.
자신이 사람 되는 길에서 방향을 잃었음을.

240 ____

생각 없는 사람이 제일 무섭고 가엾다.

241 ____

아무리 대단한 일이더라도, 그 일이 천하게 흐르면
중도에 그만둘 줄 아는 가벼움도 있어야 한다.

242 ____

"배운 사람이 그럼 쓴다냐?"
무학이셨던 어머니는 가끔 이렇게 나무라셨다.
어머니로부터 나는 문자의 책임성을 배웠다.

243

세상이 아파하는 병, 시대의 문제를 같이 아파하는 사람,
정답을 수행하는 사람이 아니라 문제가 있는 곳에 처하는
사람이 지식인이다. 지식인은 기본적으로 윤리적이다.

244

인격^{人格}의 근본적인 속성은 무엇인가를 궁금해한다는 것이다.
궁금해해야 대화와 협치가 이루어진다.
무엇인가를 궁금해하는 사람은 인격적으로 성숙한다.

245

대답은 기능이고 질문은 인격이다.
질문이 없다는 것은 인격적으로 준비가 안 되었다는 뜻이다.

행동

246

심리적으로 편안한 것이
인간적으로 행복한 것은 아니다.
지적인 삶에는 항상 수고와 불편이 들어가지만,
우리는 계속 생각하기를 멈추지 말아야 한다.
인간은 인간적인 삶을 꿈꾸는 존재이기 때문이다.

247

우리는 생각의 높이만큼 살아간다.
생각의 높이가 시선의 높이를 결정하고,
시선의 높이가 활동의 높이를 결정하고,
활동의 높이가 삶과 세계의 수준을 결정한다.

248

게으름, 안일함, 나태함은 더 쉬운 것만 찾으려는 마음이다.

249

모든 위대한 이론은 쉽다. 어려운 것은 일상이다.

아무리 많은 지식을 소유하고 있다 하더라도

그 지식을 통해 일상에 작은 변화 하나 이뤄내지 못한다면

그것은 거짓이다.

250

인간은 보편적인 이론에 넘어지지 않는다. 일상에 넘어진다.

인간은 태산에 걸려 넘어지지 않는다. 돌부리에 걸려 넘어진다.

참된 인간은 지식을 소유하려 들지 않고

그 지식을 통해 일상에서 감동과 변화를 경험하려 한다.

행동

11

시선

아직 오지 않은 것을 그리며

251

현실을 한 단계 도약하게 만들려면
우리의 생각이 현실보다 한 단계 더 높은
덕목을 향해 있어야 한다.
생각의 방향과 높이가 중요한 법이다.

252

일등은 대답을 잘하는 자이고, 일류는 질문을 잘하는 자이다.

253

일등은 판을 지키는 자이고, 일류는 새판을 짜는 자이다.

시선

254

인류가 만들어낸 위대한 결과물은 모두 질문에서 시작되었다.

255

일등과 일류를 가르는 기준은 고유함에 있다.
일등이 아닌 일류를 지향하려면
자신의 고유함에 집중해야 한다.

256

'인문적 시선'이란 눈에 보이지 않는
인간세계의 변화를 관념적으로 포착해
그 흐름을 잡아내는 것, 시대의식을 장악하는 것,
새로운 문제를 발굴하는 것이다.
이러한 인문적 높이의 시선에서 창조가 나온다.

시선

257

자기 삶의 주인으로 주체적이고 욕망에 집중하며 살아야 한다.
개인의 행복과 국가의 미래는 주체적이고
욕망하는 개인에게 달려 있기 때문이다.

258

선도국가는 장르를 만들고 추격국가는 그 장르를 채워준다.
선도국가는 비전을 만들고 추격국가는 그 비전을 따라간다.

259

세상이 달라지면 쓸모 있는 것도 달라진다.
이제 쓸모없음을 향한 도전의 길이 남았다.

260

문제를 발견하는 것, 불편함을 느끼는 것 자체가
비범한 능력임을 알아야 한다.
이것이 없으면 감각과 경험적 습관, 익숙함 속에서 살아간다.

261

말이 무너진 사회는
사람들이 마음에 드는 소리만 서로 나누고 상호 모방에 빠진다.
지적^{知的}으로 성장하지 않고 생각이 멈추기 때문에
사회가 퇴보의 길을 걷는다.

262

지성^{知性}, 즉 생각하는 능력이 훈련되지 않은 사람은
변화를 보지 못하고, 보더라도 변화에 적응하지 못한다.

263

아직 없는 것, 보이지 않는 것
'없음'을 상상하라.

264

철학은 비전과 꿈이다.
철학이 있는 사람에게는 그것을 실행하려는 사명이 생기고,
사명이 생기면 어떤 일을 해야 하는지가 보인다.
철학이 없으면 삶도 권력도 혼돈을 피할 수 없다.

265

구체적인 삶의 현장에서 자신의 문법을 스스로 생산하는
능력을 갖추고 있지 않으면 다른 곳에서 생산된 문법을
들여와 쓸 수밖에 없다.

시선

266 _____

생각이 있어야 염치도 있다.
사회 지도층의 염치가 사라지는 것은 위험한 신호다.
그 사회가 겉만 번지르르하고 기실은
부실하다는 방증일 수 있기 때문이다.

267 _____

보통사람들이 평화 속에서 평화를 즐길 뿐
위기를 걱정하지 않는다고 하더라도,
지도자라면 깨어 있어야 한다.
지도자가 생각하는 능력이 떨어지면,
보통사람들보다 형편없이 부패한다.

시선

268

사회재난은 눈에 보이지 않는 미래에 대한 준비와
훈련이 부족한 그 사회의 슬픈 자화상이다.

269

눈에 보이고 만져지는 것에만 익숙한 사람들에게는
아직 드러나지 않은 것을 보고
미리 대비하는 대응력이 떨어진다.

270

나라나 기업이나 망할 줄 모르다가
졸지에 망한 경우는 거의 없다.
망해가는 줄 알고, 심지어는 망해가는 것을 보면서 망해간다.
사실 앞에서 보지 않고 듣지 않는 것은 비극이다.

일등은 대답을 잘하는 자이고,
일류는 질문을 잘하는 자이다.

쓰러져가는 회사는 흐름에 맞춰 변하지 못해서이다.
시대의식을 포착해 그 시대에 맞는
적절한 어젠다를 세우지 못해서이다.
자기 프레임에만 갇혀 새 비전을 만드는 변화를
감행하지 못하면 어느 순간 무너져버린다.

문제 없는 커플도, 문제 없는 국가도 없다.
문제 있는 것이 문제가 아니라,
문제를 미래적으로 풀지 못하는 것이 문제이다.
중요한 것은 문제를 다루는 능력이다.

273 ____

모든 발전은 문제를 해결해가는 노력의 결과이다.
문제를 다루는 능력을 발휘하면 얼마든지
전화위복의 계기로 삼을 수 있다.

274 ____

독립적이면 두텁지만, 종속적이면 가볍고 얇다.
가볍고 얇아지면 이념과 도덕을 지향하는
조급함을 넘어설 수 없다.

275 ____

부질없다, 부질없다. 정해진 모든 것.
흐르지 못하고 고여 있는 모든 언어들, 모든 생각들.
백설의 새 바탕에 새 이야기 새로 쓰세.

277

시선

12

기본

어떻게 살 것인가

276 _____

자기가 먼저 혁명되지 않고 어떤 혁명도 불가능하다.

277 _____

하루에 두 번 자기 자신에게 묻는다.
"나는 어떻게 살다 가고 싶은가?"
"나는 어떤 사람이 되고 싶은가?"

278 _____

자기 자신의 존엄과 기품에 관심을 기울인다.
염치 있는 사람은 상대방이 아니라 자기 자신을 배려한다.
예의라는 것도 자신의 존엄과 기품을
지키려고 하는 태도에서 나오는 것이다.

기본

279 _____

매일 30분 이상 운동을 한다.
운동은 지력을 키우는 지적 훈련이다.

280 _____

자기 주변을 잘 정리한다.
이부자리, 책상, 물건 등, 자기 주변을
깔끔하게 정리하고 배치하는 일은
인간의 전략적 훈련이자 지적 훈련이다.

281 _____

독서를 한다.
독서는 지식과 내공을 동시에 닦을 수 있는 유일한 활동이다.

282

자기 몸을 천하만큼 사랑하는 사람에게 덕이 있다.

283

근본으로 돌아간다는 것은 자기 자신을 믿는 것이다.
'나는 이미 완전한 존재다'라는 믿음으로 생각하고
스스로를 대한다면 더 행복해질 수 있다.

284

천하를 위하는 사람이 부패할 수 있어도
자신을 위하는 사람은 부패하지 않는다.
그는 자신의 완성과 존엄을 위해 살아가기 때문이다.

기본

285 ___

최소한 부끄러워할 줄만 알아도
격을 갖춘 인간으로서 자신을 지킬 수 있다.

286 ___

나 자신을 알고 있으면 모든 것이 단순해지고 명쾌해진다.

287 ___

반성은 삶을 전혀 다르게 만든다.

기본

나 자신을 알고 있으면
모든 것이 단순해지고 명쾌해진다.

288 _____

경쟁은 승리자와 패배자 모두를 힘들게 한다.
경쟁 속에서는 모두가 다 자기 자신으로부터
소외되기 때문이다.
자신을 이겨야 진짜 강자다.

289 _____

부모와 자식 사이의 갈등은 대부분 부모의 선의에서 출발한다.
아무리 선한 것이라 할지라도
어떤 기준을 정해놓는 순간 갈등이 시작된다.

기본

290 ___

대답에 익숙하도록 훈련된 사람들은
더 중요한 것, 더 훌륭한 것, 더 아름다운 것을 밖에서 찾는다.
내 삶과 생각이 아니라 외부에 있는 것을
기준으로 삼으면 행복과 멀어진다.

291 ___

우리 교육은 한 사람 한 사람에게
자신의 고유한 가치와 재능을 사랑하는 법을 길러주고 있는가.

292 _____

나는 나로서 살고 있는가.

타인의 꿈이 아닌 내 꿈을 꾸고 있는가.

다른 사람의 생각을 내 생각으로 착각하고 있지 않은가.

그 답을 스스로 찾는 데서 희망이 싹튼다.

293 _____

어떻게 사는 것이 나를 확인하는 삶일까?

나에게 삶의 원칙이 있다면,

내가 되어가는 데 도움이 안 되는 일은 과감하게 버렸고,

내가 되어가는 데 도움이 되는 일은

과감하게 선택했다는 점이다.

그것은 인생이 짧고, 금방 죽는다는 각성에서 비롯된 것이다.

내가 나를 향해 걸어야 하는 이유,

내가 나를 믿어야 하는 이유,

내가 나를 사랑해야 하는 이유,

내가 나를 궁금해해야 하는 이유,

그것은 바로 내 삶의 주인으로 살아가기 위해서이다.

아주 미세한 일은 아주 큰 일과 서로 맞물려 있다.

아무리 작은 일이라도 신중하고 조심스럽게

대하는 것이 도를 체득한 자의 태도이다.

기본

296 ___

짧은 인생을 살아가며 버려서는 안 되는 두 가지,
자기 자신에 대한 무한 신뢰!
자기 자신에 대한 무한 사랑!

297 ___

먼저 나 자신을 믿고 사랑하자.
자기 신뢰와 자기 사랑의 힘으로 다른 것들을 사랑하자.

298 ___

'어떻게 살 것인가?' '어떻게 죽을 것인가?'
삶의 가장 근원적인 질문인 두 물음은 곧 하나의 질문이다.
죽음을 인식할 때 삶이 진실해진다.

기본

299

중요한 것은 결국 손발을 움직이는 일이다.

행동이며 모험이다.

무모함을 통과하지 않고 빚어진 새로운 역사는 없다.

300

거대한 우주 속 미미한 자신에게 질문을 계속하면서

일상에서 작은 승리를 경험하게 하는 일이 바로 우주적 삶이다.

작은 승리가 일어나는 잡다한 일상 안에서 우주가 펼쳐진다.

기본

출전 및 참고자료

단행본

(이 책 본문의 각 구절에는 숫자가 붙어 있습니다. 아래 숫자에 해당하는 구절의 원문은 다음의 도서에 수록되어 있습니다.)

    ※『노자의 목소리로 듣는 도덕경』(최진석 지음, 소나무 펴냄, 2001)

        29, 41, 42, 102, 103, 146, 171, 195, 196, 229, 295

    ※『인간이 그리는 무늬』(최진석 지음, 소나무 펴냄, 2013)

        31, 32, 39, 114, 153, 163, 172, 173, 198, 202, 206, 210, 222, 276, 282

    ※『탁월한 사유의 시선』(최진석 지음, 21세기북스 펴냄, 2017)

        47, 106, 122, 162, 189, 199, 253, 268, 269

    ※『경계에 흐르다』(최진석 지음, 소나무 펴냄, 2017)

        6, 7, 37, 60, 62, 64, 76, 77, 79, 80, 81, 93, 135, 159, 160, 168, 182, 200, 201, 205, 213, 215, 218, 227, 287, 299

    ※『나 홀로 읽는 도덕경』(최진석 지음, 시공사 펴냄, 2021)

        16, 43, 44, 45, 51, 82, 83, 113, 119, 121, 136, 158, 203, 214, 240, 263,

283, 284

＊『최진석의 대한민국 읽기』(최진석 지음, 북루덴스 펴냄, 2021)
69, 104, 105, 107, 116, 120, 155, 217, 226, 234, 270, 271, 272, 273

＊『나를 향해 걷는 열 걸음』(최진석 지음, 열림원 펴냄, 2022)
26, 27, 28

＊『노자와 장자에 기대어』(최진석 지음, 북루덴스 펴냄, 2022)
50, 63, 68, 70, 87, 91, 96, 97, 133, 184, 186, 194, 228, 231, 235, 259, 265, 274, 300

인터넷 자료

＊ 최진석 아카이브 sites.google.com/view/jinseok
＊ 최진석의 새말새몸짓 youtube.com/@Real--Stone
＊ 사단법인 새말새몸짓 www.nwna.or.kr
＊ Daum 카페 〈地中有山〉 cafe.daum.net/bookofchange
＊ 경인일보 칼럼 〈최진석의 노장적 생각〉 www.kyeongin.com
＊ 광주KBS 〈집중인터뷰 이 사람〉, 〈토크멘터리 유후〉 youtube.com/@kbsgwangju
＊ 광주일보 칼럼 〈최진석 새 말 새 몸짓〉 www.kwangju.co.kr
＊ 국악방송 〈인생낭독: 人〉 youtube.com/@GugakTV

✻ 그랜드마스터클래스 youtube.com/@grand_master_class

✻ 뉴스1TV〈이길우의 人사이트〉youtube.com/@news1korea

✻ 동아일보〈인터뷰〉2019.10.15.,〈동아광장〉www.donga.com

✻ 방송대 지식＋ youtube.com/@방송대지식

✻ 세바시 youtube.com/@sebasi15

✻ 스터디언 youtube.com/@studian365

✻ 신동아〈인터뷰〉2015. 7. 27. shindonga.donga.com

✻ 연합뉴스〈인문학 이야기〉2016. 3. 2. www.yna.co.kr

✻ 중앙일보〈최진석 칼럼〉www.joongang.co.kr

✻ 채널예스〈작가와의 만남〉ch.yes24.com

✻ 청주KBS〈함께 인문학〉youtube.com/@kbs_cheongju_official

✻ 테크버스 youtube.com/@techverse.

✻ 플라톤아카데미TV youtube.com/@platonacademytv

✻ 하와이 대저택〈초대석〉youtube.com/@hawaiidjt

✻ 300초 인문학 youtube.com/@300초인문학

✻ KBS 지식〈창의인재 프로젝트 생각의 집〉youtube.com/@KBSknowhow

✻ KMA 한국능률협회 blog.naver.com/kmablog

✻ SBS Biz〈빅퀘스천〉youtube.com@sbsbiz_bigquestion

✻ TheAsiaN〈최진석 칼럼〉http：//kor.theasian.asia

철학자의 공책 空冊

1판 1쇄 찍음 2024년 11월 25일
1판 1쇄 펴냄 2024년 12월 10일

지은이 최진석

주간 김현숙 | **편집** 김주희, 이나연
디자인 이현정, 전미혜
마케팅 백국현(제작), 문윤기 | **관리** 오유나

펴낸곳 궁리출판 | **펴낸이** 이갑수

등록 1999년 3월 29일 제300-2004-162호
주소 10881 경기도 파주시 회동길 325-12
전화 031-955-9818 | **팩스** 031-955-9848
홈페이지 www.kungree.com
전자우편 kungree@kungree.com
페이스북 /kungreepress | **트위터** @kungreepress
인스타그램 /kungree_press

ⓒ 최진석, 2024.

ISBN 978-89-5820-902-7 (03100)